1796

LE TOMBEAU

DE VOLTAIRE

VENGÉ.

POËME

A L'IMPÉRATRICE DE RUSSIE.

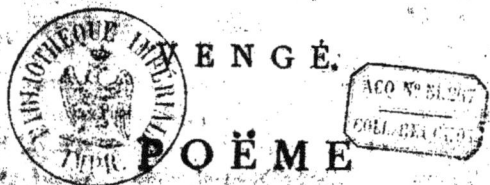

A PARIS,

Chez A. G. ROCHETTE, Imprimeur, rue
Saint-Jean-de-Beauvais, N.os 37 & 38.

1790.

AVANT-PROPOS.

CET Ouvrage fut écrit quelque temps après la mort de M. de Voltaire. Les Français se croyoient alors la première nation de l'Europe, parce que les coëffeurs et les généalogistes y faisoient et y faisoient faire une grande fortune à ceux qui mettoient en œuvre leurs talens. Aujourd'hui que le peigne et le parchemin ont cédé la palme à l'exercice de la raison, c'est d'après d'autres bases que la nation commence à juger de la valeur des hommes. Elle commence même déja à se reprocher son injustice et son ingratitude envers cet homme célèbre dont elle a reçu tant de gloire. De toutes parts on demande qu'il lui soit érigé un monument dans la capitale, et qu'on ne puisse plus faire à la France les justes reproches que Frédéric-le-Grand a consignés dans son éloge de Voltaire, page 43.

Croiroit-on que ce Voltaire, auquel la profane Grèce auroit élevé des autels, qui eût eu dans Rome des statues, auquel une grande Impératrice, protectrice des sciences, vouloit ériger un monument à Pétersbourg; qui croira, dis-je, qu'un tel être manqua dans sa patrie d'un peu de terre pour couvrir ses cendres ? Eh quoi ! dans le dix-huitième siecle, où les lumières sont plus répandues que jamais, où l'esprit philosophique a tant fait de progrès, il se trouve des Hiérophantes, plus barbares que des Hérules, plus dignes de vivre avec les peuples de la Taprobane, qu'avec la Nation Française, aveuglés par un faux zèle, ivres de fanatisme, qui empêcheront qu'on rende les derniers devoirs de l'humanité à un des hommes les plus célèbres que jamais la France ait porté ! Voilà ce que l'Europe a vu avec douleur et avec indignation.

En lisant cet Ouvrage et les Notes qui l'accompagnent, le lecteur voudra bien se souvenir qu'il y a plus de dix ans que ceci fut écrit. Depuis ce temps là les choses ont bien changé en France; et les bons esprits y sont dans une situation plus favorable au développement des talens.

LE TOMBEAU DE VOLTAIRE VENGÉ.

POËME.

VOLTAIRE a cessé d'être; il ne cesse d'instruire.
Du chantre de Henri, de l'auteur de Zaïre
On retiendra long-tems les sublimes leçons ;
Et du dieu des beaux arts les doctes nourrissons
Iront le consulter au Temple de Mémoire.
La Minerve du nord partagera sa gloire.

Une patrie ingrate avoit déshonoré
Le beau nom de VOLTAIRE: et son corps ignoré

Glissé furtivement dans la rustique église
D'un Bernardin bouffi de graisse et de sottise,
Ce corps enseveli sans le moindre ornement,
Nous demandoit en vain l'honneur d'un monument ;
Quand des peuples du nord la Souveraine auguste,
Pour l'Homère Français et magnifique et juste,
A voulu réparer aux yeux de l'univers
L'outrage qu'on faisoit en France au dieu des vers.

Tandis que sur son front le dieu de la victoire
Entassoit les lauriers, monumens de sa gloire,
Le docte dieu du Pinde en longs habits de deuil
Se montre à CATHERINE, et lui porte ces
    plaintes.
«On refuse à mon fils les honneurs du cercueil ;
D'une sotte fureur les ames sont atteintes.
Tel qu'on a vu jadis le belliqueux Gaulois (1)
Ramper servilement aux pieds d'un fier Druide,»

---

* » Les Druides (dit Dion Chrisostome, disc. 49) règnent dans
» les Gaules, où au milieu de l'éclat et de la splendeur du trône
» les rois ne sont dans le fait que les ministres et les exécuteurs
» des volontés des Prêtres. »

Il est des traits de caractère qui, malgré la chute des siecles et
des événemens, restent long-temps indélébiles dans une nation;

L'abreuver de son or, dont tout Prêtre est avide,
Abdiquer la pensée, et n'avoir d'autres loix
Que celles qu'a dicté l'imposteur qui le guide.

Tels on voit aujourd'hui ses frivoles enfans (2)
Toujours foibles d'esprit, quoique toujours vaillans,
Braver le champ de Mars, redouter la pensée,
Et dans la folle erreur dont leur ame est blessée,
Se faire une vertu de ne plus raisonner,
Et n'oser réfléchir crainte de se damner,
Croire tout le bon-sens renfermé dans la tête
D'un Prêtre qui du Ciel veut être l'interprète,
Se décharger sur lui du fardeau de penser,
Et trembler à sa voix de peur de l'offenser.

Le Prélat fastueux, qui rit de sa foiblesse,
Par de vaines terreurs captivant sa jeunesse,
Avec le plus grand soin écarte de ses yeux
Tout écrit raisonnable, et qui pourroit instruire ;
Et pour mieux cimenter le fort de son empire,
Il pompe avec ardeur un métal précieux,
Qui donne à la sottise un ton impérieux ;

Lui soumet à coup sûr les ames consternées,
Et la rend redoutable aux têtes couronnées.

Ainsi donc le Français, imbécille et tremblant,
Gémit dans les travaux et l'extrême indigence,
Tandis que du Prélat l'orgueilleuse opulence,
Insulte à la vertu par un faste arrogant.

Despote audacieux, ennemi du talent
Au plus cher de mes fils il refuse un asyle
Où repose la cendre ignorée et tranquille
Du citadin obscur, du plus vil des traitans,
Eût-il détruit lui seul encor plus d'habitans
Que n'en ont éclairé les écrits de VOLTAIRE.

Vous aimiez ses écrits, sa gloire vous fut chère,
C'est à vous de venger l'outrage qu'il ressent,
Et d'apprendre au Français trop peu reconnoissant
Que s'il a dans l'Europe encore quelque gloire,
Ce n'est sûrement pas au dieu de la victoire
Qu'il la doit aujourd'hui, mais au grand écrivain,
Qu'une nature aveugle a jetté dans son sein.

Ce fut le seul Français dont le hardi génie
Fit parler la raison au sein de sa patrie (3).

De

De sa plume éloquente, il lui prêta l'appui,
Chez nous l'art de penser ne date que de lui.
Il corrigeoit nos mœurs ; grace à son éloquence,
Déjà le petit-maître avoit moins de jactance,
Et le haut financier perdoit son arrogance.
Il eût à la sottise arraché le bandeau ;
Il eût du fanatisme enlevé le drapeau.
Le moine de St. Claude eût perdu des esclaves ;
Mais la France auroit eu de citoyens plus braves.
Son code auroit offert moins de férocité,
Ses arts, ses gouts, ses mœurs, moins de fri-
 volité.
Le Français devenoit un être raisonnable.
Le prélat fastueux devenoit charitable.
Le prêtre auroit perdu de son autorité ;
Mais le culte eût repris bien plus de dignité,
Aux mensonges sacrés on déclaroit la guerre,
Et déjà l'on pensoit ailleurs qu'en Angleterre. (4)

 On arrêta bientôt le cours de ses travaux ;
On l'arrêta lui-même, et l'ame des dévots
A décrier ses mœurs fut toujours obstinée ;
L'envie à le poursuivre aussi fut acharnée ;

Enfin, toujours errant, proscrit, persécuté,
Il fut dans Albion chercher la liberté (5).

Le plus sage des rois, en l'approchant du trône,
D'un éclat plus brillant rehauffa fa couronne.
Il goûta quelque temps les douceurs de la paix,
Lorfque vers les confins de l'empire Français,
Loin des perfécuteurs il fixa fa demeure,
Et qu'il fçut confacrer jufqu'à fa dernière heure
Au périlleux emploi d'éclairer l'univers,
Et d'unir la raifon au doux charme des vers.

Mais il alloit fermer fa mourante paupière,
Lorfqu'il vit traverfer fa brillante carrière :
Dès-lors il dut prévoir que jamais fes travaux
Ne pourroient opérer la guérifon des fots,
Qu'on ne tarderoit point d'infulter à fa cendre,
Quand vers les fombres bords on l'auroit vu defcendre, »

La Minerve du nord eft fenfible à l'affront
Qu'a reçu le plus cher des enfans d'Apollon ;
Et bientôt elle voit tout ce qu'elle doit faire

Le projet qu'elle forme est digne de VOLTAIRE.

Ce grand homme avoit eu pour guides, pour amis,
Les plus grands écrivains, qu'il avoit réunis
Dans un vaste portique, ornement de l'asyle,
Où couloient ses vieux jours, loin du bruit de la ville.

C'étoit-là qu'il passoit d'agréables momens,
A s'instruire avec eux des mœurs de tous les temps :
C'étoit-là qu'il puisoit ces trésors de sagesse,
Dont sa plume sçavante augmentoit la richesse,
Et ces traits si connus, toujours rendus nouveaux
En se reproduisant sous ses brillants pinceaux.

Ces livres précieux, compagnons de sa gloire,
Ces fidèles amis vont servir sa mémoire :
Ils formeront eux seuls le nouveau monument,
Et l'œuvre de VOLTAIRE en fera l'ornement.

Sur le vaste océan des humaines pensées,
On verra surnager celles qu'il a laissées :
Comme on voit à la mer mille corps lumineux

Réjouir les vaisseaux par l'éclat de leurs feux ;
Lorsque durant le cours d'une sombre carrière,
Ils tracent dans les eaux des sillons de lumière.

CATHERINE a formé le plus grand des projets :
Elle veut rendre heureux et polir ses sujets.
Elle appelle les arts : & quel plus noble asyle !
Son palais va former leur brillant domicile :
Des tréfors de Voltaire elle va l'enrichir ;
Ces tréfors précieux au palais vont s'ouvrir ;
Et delà vont repandre en son empire immense
Les feux de la raison, les flots de la science.

De tout temps vers le nord se sont forgés les fers,
Qui devoient asservir presque tous l'univers :
Mais le Dieu des beaux arts, sur ces climats de glace,
N'avoit jamais jetté qu'un regard de disgrace.
Vers ces lieux écartés il se tourne aujourd'hui ;
Pour habiter le nord, il quitte le midi.

CATHERINE l'appelle, et lui dresse des temples :
Les rois de ces climats ont suivi ses exemples ;

Et leurs doctes enfants vont bientôt devancer
Des peuples qui jadis osoient les déprifer.

Ces peuples énervés par un luxe frivole,
Sont de foibles rivaux pour l'habitant du pole.
CATHERINE a repris, et tient de toutes parts
Le sceptre de la mort et celui des beaux arts;
Et l'insulaire altier dont l'audace nous brave, *
Qui méprise l'Ibere, & se rit du Batave,
Le fier Anglois craindroit d'insulter ses vaisseaux,
Et les laisse voguer librement sur les eaux.
Des bords de la Vistule aux rives du Bosphore,
Le culte qu'elle suit, & le dieu qu'elle adore,
Trouvent sous ses drapeaux un secours si puis-
   sant, (6)
Qu'il soit enfin vengé de Rome & du croissant.**

L'héroïne du nord a fait tous ces prodiges.
Elle a de l'ignorance écarté les prestiges.
Au niveau de son siècle elle a mis ses états;

---

* Ceci fut écrit vers 1781, lorsque l'Espagne & la Hollande, alliées avec la France, ne causoient qu'une médiocre frayeur aux Anglois.

** Protection donnée aux dissidens à Varsovie, & aux chrétiens du rit grec à Constantinople.

Et son nom fait trembler les plus fiers potentats. (7)

Pierre avoit commencé d'éclairer la Ruſſie ;
CATHERINE lui donne encor plus d'énergie.
Elle a de la raison fait revivre les droits.
Le commerce et les arts fleuriſſent sous ses loix.

Déjà je vois tomber les fers de l'esclavage,
Qui du Ruſſe avili terniſſoient le courage :
Déjà je vois rentrer dans la société (8)
Ces biens qui du pontife exaltoient l'arrogance,
Fomentoient sa luxure & son oiſiveté ;
Ce moteur éternel de la cupidité,
Son or ne sera plus funeſte à l'innocence :
Le prêtre aura perdu le nerf de sa puiſſance.
CATHERINE a parlé : le prêtre n'aura plus
Ce faſte révoltant, ces tréſors superflus,
Qui causant à son peuple une indigence extrême,
Font suspecter le prêtre & le culte lui-même.

Ces biens reſtitués aux peuples appauvris,
Appaiseront enfin leurs larmes et leurs cris ;
Et le clergé modeſte, et par-là plus utile,

Pourra plus décemment prêcher son évangile.

Enfants de l'abondance & de la liberté,
Bientôt naîtront les arts et la prospérité.
Le Russe jouira de sa propre industrie :
Il connoîtra les droits de la propriété :
Ses mains en soulevant une glebe durcie,
Porteront la richesse au sein de sa patrie :
En libre citoyen l'esclave transformé,
Recueillera pour lui le grain qu'il a semé ;
Et les peuples charmés du jour qui les éclaire,
Béniront CATHERINE, et connoîtront VOLTAIRE.

NOTES.

(1) L'auteur de ce Poëme sçait combien il est dangereux en France de vouloir exercer la pensée : mais il n'a pu contenir ses regrets en voyant le contraste de 17 à 18 millions d'habitans, qui luttent péniblement contre la misère et la faim, parce que deux ou trois mille moines ou prêtres y périssent d'indigestion et d'ennui, et que deux ou trois mille grands seigneurs, et autant de financiers insatiables y dévorent la substance des peuples. On me dira peut-être que ce tableau est chargé. Je le souhaiterois assurément : mais pour répondre à ce reproche, je joins ici l'anecdote suivante, dont je garantis la certitude, et qui peint bien l'état de la France avant la révolution qui s'opère.

Il n'y a pas long-tems qu'un pauvre paysan du diocèse de Langres, occupé à remuer les terres au jardin du roi, me racontoit que lui et ses camarades n'avoient quitté le pays que parce que la disette y étoit si excessive, que pour avoir quelque pâture, on étoit obligé de sortir dès l'aube du jour, et d'aller courir les champs pour y ramasser les mauvaises herbes que la nature

nature destinoit à nourrir les plus vils animaux. On faisoit bouillir ces herbages, y mettoit du sel qui en avoit, et l'on se bourroit de cette nourriture lourde et mal saine, pour retourner aux champs en faire une nouvelle provision. S'il arrivoit pendant ce tems-là que les enfans se missent à pleurer, le plus âgé d'entr'eux mettoit dans la bouche des plus jeunes quelques cuilleres de cette bouillie, et le reste du tems se passoit à ramasser quelques mauvaises broussailles, à l'aide desquelles on pût cuire la provision du lendemain. Cependant ce pays est couvert d'églises puissantes, et de monastères opulens, dont les biens rejettés dans la société, (ainsi qu'il a été fait en Russie) auroient conservé des cultivateurs, et des citoyens. Je crois même que le ciel étoit bien plus choqué des larmes et des imprécations de tant de malheureux, exténués de fatigue et de faim, qu'il n'étoit glorifié par les superbes bâtimens, et les cantiques Judaïques de quelques prêtres ou moines fainéans.

Il semble que ce soit pour ce malheureux pays qu'un Anglois écrivoit, lorsqu'il disoit vers le commencement de ce siècle; « dans » ces contrées où le prêtre insolent, et le cé- » nobite inutile sont seuls opulens, récom-

C

» pensés, considérés, le reste des citoyens
» croupit dans l'inertie, dans l'engourdisse-
» ment, dans la misère, et languit dans un
» abrutissement léthargique, qui lui ôte le
» sentiment même de ses maux ». Hift. Na-
turelle de la superstition, par Renchard, tom.
2, p. 38.

(2) Il y a long-tems qu'on a reproché aux
Français un esprit de frivolité inconciliable avec
les fortes opérations de l'entendement. Un jé-
fuite bel esprit ; mais qui n'étoit que cela, le
P. Bouhours ayant demandé dans un de ses
ouvrages, si un Allemand pouvoit avoir de
l'esprit, un écrivain de cette nation demanda
si un Français pouvoit avoir du sens commun.
La récrimination étoit juste ; mais ce n'étoit
qu'une récrimination. Il est en France, comme
par-tout ailleurs, quelques bons esprits capables
de pensées fortes et d'ouvrages méthodique-
ment raisonnés. Mais ces sortes d'esprits n'y
sont pas communs : ils sont même obligés
d'y vivre dans le silence et l'obscurité.
Les places des universités et des académies ;
des finances et de l'administration ; des tribu-
naux et des armées, ne sont pas faites pour
eux ; elles sont uniquement pour une espèce

(19)

de petits-maîtres, et de beaux esprits qu'on ne connoît point ailleurs La basse flexibilité de leur ame effaçant presqu'entièrement leur caractère, les rend absolument nuls pour toute autre chose que pour l'intrigue et les plus importunes sollicitations. Le charlatanisme est aussi le moyen de ceux qui n'en ont point d'autre, et de nombre n'est pas petit. Aussi nulle part on ne voit autant d'histrions qu'en France Il n'y a pas quatre jours que les Hydroscopes, Parangue & Blanton y faisoient tourner toutes les têtes : ce sont aujourd'hui les grands magnétiseurs Mesmer et Deslon qui occupent les tréteaux. Cependant les marchands de fumée, Montgolfier et Pilatre font quelque diversion à la crise, et tout le monde veut aussi faire des sacs à fumée. Les graveurs et les gens de lettre ne s'occupent plus d'autre chose, parce que tout le monde veut avoir part au bénéfice de la sottise nationale.

(3) Quelques écrivains Français se sont bien quelquefois permis d'user de leur raison, et de franchir le cercle étroit que l'ignorance ou les préjugés traçoient autour d'eux; mais on les a bientôt ramenés au giron de l'ignorance et de la sottise. M. de Buffon a été plus d'une fois

obligé de tendre la main pour recevoir la férule des docteurs de Sorbonne, sans quoi jamais il n'auroit pu conjurer l'orage qui commençoit à se former sur sa tête. MM. Helvetius ; J. Jacques Rousseau, Delisle, Reynal, et autres, ont été molestés pour leurs écrits. M. d'Alembert s'est bien quelquefois permis d'exercer la pensée, et de l'envelopper dans ses pointes et ses jeux de mots : mais quels tours de force et d'adresse ne lui a-t-il point fallu pour la dérober aux yeux de la multitude. M. de Voltaire, par un bonheur singulier, qu'on ne peut attribuer qu'à l'éminente supériorité de ses talents, M. de Voltaire a bien de son vivant échappé à la sévérité de l'inquisition Française, mais il n'a pas plutôt eu fermé les yeux à la lumière, qu'on a vivement insulté à sa cendre.

Tout homme qui se voue à l'art de penser doit donc en France renoncer à l'art d'écrire, s'il ne veut renoncer au repos de ses jours ! ces deux arts sont absolument inconciliables parmi nous. Aussi les plus sages sont contraints de se taire, tandis que les plus souples, les plus importuns, et les plus intrigans y pâturent avec la plus grande sécurité les chardons académiques, toujours multipliés pour de plats écrivains qui consentent de renoncer à la pensée, pourvu qu'on ne les force point de renoncer à la pâture. Tout leur esprit, au dire de Perse, est dans leur estomac. *Magister artis ingeniique largitor venter.*

(4) Je suis un peu comme le maître de danse Marcel. J'aime à me persuader qu'une face Anglaise jointe à l'allure de cette nation doit présenter l'image de l'instruction, de l'aisance, et de la liberté. Ce qui s'observe plus ou moins chez les autres nations, jusqu'à ce qu'on n'y trouve plus que les traits de la sottise, de la servitude, et de la misère. En France, selon que l'individu se rapproche plus ou moins de l'un des trois états qui y absorbent toute considération, il se rapproche aussi plus ou moins de l'espèce humaine : tout le reste y est absolument regardé comme bête de somme. Il faut donc y être homme d'église, courtisan ou financier, c'est-à-dire, histrion, mendiant, ou frippon, si l'on veut y être quelque chose ; encore même faut-il tenir au sommet de l'une de ces trois professions, si l'on ne veut y être écrasé ; car le bas étage de ces trois ordres retombe dans la populace, classe souffrante et absolument avilie, qui ne tient que par un fil à l'espèce humaine. En Angleterre un homme est un hom-

me, et ce titre seul est suffisant pour inspirer en sa faveur quelque sorte de respect : en France on se riroit de quelqu'un qui oseroit compter sur ce caractère, pour exiger quelque sorte de considération, et pour se croire de la même espèce que l'individu en faveur.

(5) Tout le monde a connu les indécentes diatribes du folliculaire Fréron et de ses successeurs, contre M. de Voltaire ; elles ont duré plus de vingt ans, sans que la police se soit mise en peine de les faire finir. Le fils et la veuve de ce folliculaire les ont continuées avec la même indécence, le même acharnement et la même impunité. Mais le fils de ce Fréron a osé élever sa censure jusqu'à un histrion assez médiocre, et dire que la voix du sieur Desessart ressembloit à la voix d'un ventriloque : Dès-lors la foudre a grondé sur sa tête, il a été regardé comme coupable de lèze-majesté théâtrale, on lui a ôté la feuille, et on l'a donnée à la veuve Fréron, avec injonction d'être plus circonspecte que son fils. Rien ne caractérise mieux le génie de notre nation, et l'état actuel de notre littérature que cet événement. Qu'importe en effet à une nation essentiellement histrionne et baladine d'avoir des penseurs et de

bons écrivains ? S'il s'en trouve par hasard quelqu'un parmi elle, on le livre tout aussi-tôt aux corsaires de la littérature qui le déchirent. Mais si ceux-ci veulent faire la plus légère excursion sur tout ce qui touche aux prêtres, aux académiciens, aux comédiens de la ville ou des boulevards, l'orage gronde sur eux, on révoque les lettres de marque qu'ils ont obtenues pour la course : et une nation chez qui se passent de semblables absurdités, a cependant encore le ridicule de se croire la première nation de l'Europe en fait de science et de littérature, comme en fait de modes et de cuisine.

(6) Les derniers troubles de Pologne qui ont causé tant de calamités à cette nation, et ont enfin amené la dévastation et le partage des états de cette république, ces troubles n'ont eu pour causes que les injustes tracasseries, et les vexations qu'on faisoit éprouver aux dissidents, dont la majeure partie est composée de chrétiens grecs. L'Impératrice de Russie, comme la première puissance de cette communion, les a protégés ; et des raisons d'état, jointes à l'opportunité des circonstances, ont enfin amené le partage de la Pologne ; il seroit à souhaiter que

les mêmes circonstances se réunissent pour amener le partage de l'empire Ottoman. Le christianisme seroit enfin vengé de l'opprobre sous lequel il gémit depuis si long-tems. Ce qui est bien plus intéressant encore, la raison et l'humanité reprendroient enfin des droits perdus depuis bien des siècles : l'aveugle fanatisme ne transformeroit plus les hommes en bêtes ; il leur seroit enfin permis de se servir d'une raison, qui ne leur avoit été donnée que pour la faire présider à leurs démarches. Nos pères ont vu la première partie du miracle de Nabuchodonosor accomplie parmi nous ; c'est-à-dire, les hommes abrutis par la rapacité de la superstition et du despotisme, changés en bêtes de somme. Puissent nos neveux voir un jour la seconde partie de ce miracle se réaliser; c'est-à-dire, ces mêmes êtres éclairés par la philosophie, et gouvernés par la sagesse, reprendre leur forme originelle, et se convertir en hommes ! Puisse enfin le despotisme politique et religieux de l'islamisme et de tant d'autres institutions aussi absurdes, se creuser un jour son propre tombeau, et rendre les hommes à une liberté sage et raisonnable !

(7) On savoit ce que la sagesse ajoutée à

la bravoure, étoit capable de faire dans un grand capitaine, et dans un conquérant illustre. César n'avoit eu besoin que d'arriver et de se montrer pour soumettre les provinces entières : mais on ne soupçonnoit point encore qu'il fût possible de conquérir les plus vastes états, en ne faisant que des dispositions de cabinet, et de simples montres de puissance. Catherine II n'a pas eu besoin de répandre le sang de ses peuples, ni d'arracher le pain de ses enfans pour étendre sa domination : une partie de la Pologne et la Crimée entière, ont été rangées sous ses loix, sans presque tirer un coup de fusil : et l'on n'a encore pu décider si c'est la terreur de ses armes, plutôt que la sagesse éclatante de ses loix et la douceur de son gouvernement, qui ont étendu les bornes d'un empire, qui embrassoit déjà la sixième partie du monde habitée.

(8) Je voudrois pouvoir esquisser ici le tableau de tout ce que l'auguste Catherine a fait pour sa gloire, et sur-tout pour le bonheur de sa nation : mais cette esquisse, quelque raccourcie qu'elle pût être, excéderoit encore les bornes que je me suis prescrit dans cet ouvrage. Je me contenterai de citer quelques mots de

D

M. de Voltaire, qui feront connoître les glorieux travaux de cette auguste souveraine.

L'ame de Catherine a conçu le deſſein d'être la libératrice du genre humain, dans l'eſpace de près de douze cens mille de nos grandes lieues quarrées. Elle n'entreprend point ce grand ouvrage par la force, mais par la ſeule raiſon. Elle invite les grands ſeigneurs de ſon empire à devenir plus grands en commandant à des hommes libres : elle en donne les exemples ; elle affranchit les ſerfs de ſes domaines : elle arrache plus de cent cinquante mille eſclaves à l'égliſe ſans la faire murmurer, & en la dédommageant ; elle la rend reſpectable en la ſauvant du reproche que la terre entière lui faiſoit d'aſſervir les hommes qu'elle devoit inſtruire & ſoulager. (Lettre ſur les panégyriques.)

Tout le monde ſait qu'elle a donné une forme nouvelle à l'adminiſtration des biens de l'égliſe, les mettant ſous ſa main & faiſant aux eccléſiaſtiques des penſions convenables à leur importance & à leur utilité. Arſene, Evêque de Roſtou, mécontent de ces changemens, tenta de ſoulever ſes confreres contre la nouvelle adminiſtration ; mais la fermeté ſage & éclairée de cette auguſte ſouveraine prévint tous les troubles : elle fit citer l'Evêque coupable au Synode de Novogorod, où il fut déclaré séditieux & fanatique, & comme tel livré au bras séculier pour être puni. L'impératrice voulut bien lui faire grace & se contenta de le réduire à l'état de moine pour le reste de ses jours : on ne finiroit pas si on vouloit seulement indiquer les plus mémorables événemens d'un règne aussi glorieux.

FIN.

LE VAUTOUR,

FABLE.*

La timide Colombe erroit dans un boccage,
Pleurant le compagnon de ses chastes amours,
Et pouſſant vers l'auteur de ſes malheureux jours
  Les cris plaintifs de ſon veuvage ;
   Quand des oiſeaux le plus pervers,
    L'implacable tyran des airs,
   Le Vautour, planant ſur ſa tête,
   Fondit ſur l'innocente bête :
  Il la déchire & l'immole à ſa faim ;
Mais dans l'inſtant il eſt lui-même atteint
D'un trait mortel, qui l'étend ſur la place
   Et le laiſſe ſans mouvement.

---

* Cette fable fut écrite vers la fin du dernier règne, lorſque, ſous un prince abruti par la débauche & l'encens des adulateurs, les illuſtriſſimes brigands de la cour regorgeoient de la ſubſtance des peuples, exténués par le travail & la faim.

(30)
On court, on voit avec étonnement
Cet oiseau cruel et vorace
Rongé par un essaim d'insectes odieux,**
Qui dès son vivant même en faisoient leur pâture
Lorsqu'il ravageoit tous les lieux
Qu'avoit embelli la nature.
Rois de la terre, entendez-vous ma voix,
Par vous foulé, le peuple est aux abois ;
Mais des serpens, la horde détestable,
Courtisans, financiers, maîtresses & valets,
En vous rongeant, vous rendent méprisables,
Et vengent tôt ou tard le sang de vos sujets.

** M. de Buffon rapporte que lorsqu'on tue un vautour, on le trouve à demi rongé par la vermine qu'il porte avec lui.

6.

www.ingramcontent.com/pod-product-compliance
Lightning Source LLC
Chambersburg PA
CBHW060602050426
42451CB00011B/2038